BEI GRIN MACHT SICH IHR WISSEN BEZAHLT

- Wir veröffentlichen Ihre Hausarbeit, Bachelor- und Masterarbeit

- Ihr eigenes eBook und Buch - weltweit in allen wichtigen Shops

- Verdienen Sie an jedem Verkauf

Jetzt bei www.GRIN.com hochladen und kostenlos publizieren

Jens Saathoff

Geschichte und Entwicklung des englischen Essays

GRIN Verlag

Bibliografische Information der Deutschen Nationalbibliothek:

Die Deutsche Bibliothek verzeichnet diese Publikation in der Deutschen National-
bibliografie; detaillierte bibliografische Daten sind im Internet über http://dnb.d-
nb.de/ abrufbar.

Impressum:

Copyright © 1991 GRIN Verlag GmbH
Druck und Bindung: Books on Demand GmbH, Norderstedt Germany
ISBN: 978-3-656-41237-3

Dieses Buch bei GRIN:

http://www.grin.com/de/e-book/213029/geschichte-und-entwicklung-des-englischen-
essays

GRIN - Your knowledge has value

Der GRIN Verlag publiziert seit 1998 wissenschaftliche Arbeiten von Studenten, Hochschullehrern und anderen Akademikern als eBook und gedrucktes Buch. Die Verlagswebsite www.grin.com ist die ideale Plattform zur Veröffentlichung von Hausarbeiten, Abschlussarbeiten, wissenschaftlichen Aufsätzen, Dissertationen und Fachbüchern.

Besuchen Sie uns im Internet:

http://www.grin.com/

http://www.facebook.com/grincom

http://www.twitter.com/grin_com

Geschichte und Entwicklung des englischen Essays

von Jens Saathoff

Inhalt

1. Zur Benennung des Essays

Allgemein üblich wurde die Bezeichnung Essay für Prosaaufsätze in England erst im 18. Jahrhundert. Im 17. und 16. Jahrhundert wurden für Texte, die unter den heutigen Begriff von „Essay" fallen, noch eine ganze Reihe von anderen Namen gewählt, da es an einem einheitlichen Oberbegriff fehlte.[1] Zum Beispiel nannte Haly Heron die Einzeltexte seines Buches *Discourse* von 1579, das heute als erste englische Sammlung von Essays angesehen wird, „keys of counsel". Andere Textsammlungen enthielten ganz unterschiedliche Bezeichnungen für ihre Aufsätze. So sind Texte des Marquis von Winchester unter anderem mit „sage sentences, sweet similitudes, morall examples" oder „proper comparisons" benannt.[2]

In Frankreich brachte Montaigne 1580 seine Essays heraus, mit denen er das Literaturgenre begründete.[3] Francis Bacon übernahm diesen Begriff und verfaßte drei Essayausgaben, von denen die erste 1597 veröffentlicht wurde. Wenn er auch nicht der erste in England war, der die Bezeichnung „Essay" für seine Texte verwendete, so ging doch von ihm die entscheidende Wirkung für die Weiterentwicklung des englischen Essays aus. Bacon beschrieb seine Texte selbst auch als kurze Notizen, die er von regelrechten Abhandlungen hinsichtlich ihres geringeren Anspruchs auf absolute Gültigkeit der Aussagen unterschied. Zu bemerken ist, daß Bacon zwar eine für seine Zeit neue Bezeichnung wählte, aber sehr wohl der Auffassung war, daß schon Senecas Episteln antike Formen des Essays gewesen seien, der Ursprung also in der Antike läge.[4]

---

[1] Horst Weber: „Einleitung". In: *Der englische Essay. Analysen*. Hrsg. von Horst Weber. Darmstadt: Wissenschaftliche Buchgesellschaft 1975 (= Ars Interpretandi; Bd. 6). S. 1.
[2] Ebd. S. 1, 2.
[3] Ebd. S. 3.
[4] Ebd. S. 2.

2. Die beiden Haupttraditionen des englischen Essays

Montaigne (1533-1592) und Bacon (1561-1626) stehen für die beiden Haupttraditionen. Bacons Ausrichtung des Essays wird von Weber als konstruktiv und Montaignes als assoziativ bezeichnet. Die Kennzeichnung assoziativ meint, daß der Essay dem Gedankenstrom folgt und nicht so sehr an einer folgerichtigen, logischen Strukturierung interessiert ist. Montaignes Tradition folgten mit Abraham Cowley und William Temple zwei bedeutende Essayisten des 17. Jahrhunderts.[5]

Bacons konstruktive Textkomposition weist dagegen eine viel stärker methodisch ausgerichtete Gedankenführung auf. Den Kompositionsprinzipien assoziativ und konstruktiv entsprechen die Stilhaltungen informal und formal, die mit Bezug auf die Einhaltung rhetorischer Regeln gewählt wurden. Der assoziative, informale Essay ist darauf ausgelegt, der Innerlichkeit des Sprechers, seiner Gedankenwelt, Ausdruck zu verleihen. Dagegen betont der konstruktive, formale Essay die Information des Lesers über ein Thema, die Mitteilung eines Sachverhalts.

Weber ordnet den beiden Stilhaltungen die Rollen des höfischen Edelmannes und des Schulmeisters zu. Demzufolge entspricht der formale Stil der Rolle des Schulmeisters, der nur auf die Einhaltung von Formen bedacht ist. Die andere Stilhaltung kommt der Rolle des höfischen Edelmannes entgegen, der ein freies Gespräch unter Gleichgestellten führt und bei der Formulierung seiner Gedanken von überflüssigen Konventionen absieht.[6]

Festzustellen ist, daß die von Montaigne und Bacon geprägten Essays sich deutlich unterscheiden von den Zeitschriftenessays, wie sie später Addison und Steele verfassen. Ein Unterschied besteht darin, daß die früheren Essays nicht als einzelne Texte, sondern im Rahmen eines Buches veröffentlicht wurden, so daß sie letztlich als Elemente eines größeren Systems gesehen werden können.[7] So betrachtete zum Beispiel Montaigne seine Essays insgesamt „als Versuch einer Selbstbeschreibung"[8]. Bacon verstand seine Schriften als „a serious treatise on man" mit den Themenbereichen „civil and moral1".[9] Zudem

---

[5] Horst Weber: „Einleitung". S. 6, 7.
[6] Ebd.
[7] Ebd. S. 3.
[8] Ebd.
[9] Ebd.

stellen Bacons Essays eine Ergänzung, vielleicht Abrundung, seiner Abhandlung „The Advancement of Learning" dar, die auf Systematik basiert und empirisch angelegt ist. Mit dem Essay zog Bacon eine von der Abhandlung unterschiedliche Art der Themenerschließung heran.[10] Nicht der Anspruch auf völlige Wahrheit über eine geschlossene Argumentation war dabei entscheidend, sondern die Erkenntnis durch Intuition, womit die Einsicht in die „Unabgeschlossenheit allen Wissens"[11] verbunden ist. Bacons Essays haben seiner eigenen Ansicht nach die Funktion, die Einsichten wissenschaftlichen Intellekts durch eine ansprechende sprachliche Gestaltung verständlich zu machen und somit einem großen Publikum zu vermitteln. Sie dienen insofern der „populär science", einer populären Gelehrsamkeit.[12]

Im 17. Jahrhundert veröffentlichten ebenso die Philosophen Descartes, John Locke und Leibniz Essays. Ihre Schriften sind zwar längere Abhandlungen, erheben aber auch nicht den Anspruch auf absolute Gültigkeit, sondern stellen ihre Aussagen als Experimente vor, die noch offen und erweiterungsfähig sind.[13] Für das ausgehende 17. und beginnende 18. Jahrhundert ist außerdem Defoe als wichtiger Essayist zu nennen, der sich in seinen Essays zu einem ungezwungenen und vertrauten Stil bekennt, der dem Thema angemessen ist und nicht dazu dienen soll, den Autor als Meister der Redekunst oder der Gelehrtensprache auszugeben.[14]

3. Das Zitat

Das Zitat gilt als ein wichtiges Merkmal, das der Essay mit anderen Textformen gemeinsam hat. Besonders das Zitieren antiker Autoren war allgemein verbreitet, da ja Schriften der Antike als vorbildlich angesehen wurden. Bedenkt man, daß Essays sowohl geprägt sein können von einer logischen Argumentation als auch von verständlich aufbereiteten, assoziativen Gedankengängen, dann wird deutlich, warum das Zitat eine wichtige Rolle für

---

[10] Horst Weber: „Einleitung". S. 3.
[11] Ebd. S. 3.
[12] Ebd. S. 3, 4.
[13] Ebd. S. 4, 5.
[14] Ebd. S. 5.

diese Textgattung einnimmt. Zum einen kann das Zitat als unterstützendes Beweismittel für Argumentationen dienen, wobei es früher besonderes Gewicht erhielt, wenn es antiken Ursprungs war; zum anderen läßt es Gedankengänge durch seine erläuternde Wirkung verständlicher werden. Darüber hinaus bildeten Zitate häufig die Ausgangspunkte, aus denen Ideen entstehen und sich Gedanken weiterentwickeln konnten, nicht nur für Essays, sondern für sich Sachthemen widmende Prosaliteratur der damaligen Zeit überhaupt.[15]

Die so häufige Verwendung von Zitaten in den verschiedenen Textgattungen rührt daher, daß gerne sogenannte Commonplace Books zur Verfassung von Aufsätzen herangezogen wurden. Die Commonplace Books sind Sammlungen von allgemeinen Oberbegriffen oder Überschriften (besonders aus dem Bereich der Moralphilosophie), denen Erkenntnisse in Form von möglichst antithetischen Zitaten zugeordnet werden. Dieser Zitate bediente man sich, um sich zu bestimmten Themen möglichst schlüssig und beweiskräftig äußern zu können. Seit dem Mittelalter wurden an den Universitäten die Commonplace Books als wichtiges Mittel der rhetorischen Schulung eingesetzt und waren somit bestimmend für Abhandlungen jeglicher Art. Diese allgemeine Beachtung solcher rhetorischen Techniken war dann auch ein Grund für Überschneidungen zwischen verschiedenen Textgattungen.[16]

4. Verwandtschaften und Abgrenzungen zu anderen Textgattungen

Für die Entwicklung des Essays war eine Textart von großer Bedeutung, die laut Weber ein „beherrschendes Prosamodell"[17] ihrer Zeit war, nämlich die Predigt des 17. Jahrhunderts. Um zu erklären, warum Predigten im 17. Jahrhundert eine solche Stellung einnehmen konnten, ist zu sagen, daß diese in der Regel nicht nur mündlich gehalten wurden, sondern in schriftlich festgelegter Form vorlagen und häufig auch veröffentlicht wurden. Zudem waren Predigten jahrhundertelang das wichtigste Mittel gewesen, um ein

---

[15] Horst Weber: „Einleitung". S. 7-9.
[16] Ebd. S. 8, 9.
[17] Ebd. S. 11.

großes Publikum zu erreichen und zu beeinflussen.[18] Predigten Donnes, Andrewes, Taylors und Tillotsons galten als vorbildliche Prosa und kamen mit ihrem ungezwungenen Stil dem „conversational tone" des Essays schon sehr nahe. Man geht sogar so weit zu sagen, daß die Predigten jener Zeit als Essays betrachtet werden können. Eine Bestätigung dieser Behauptung findet sich darin, daß Addison fünfzehn während seiner Oxfordzeit für Predigtzwecke verfaßte Aufsätze später in etwas veränderter Form im *Spectator* verwendete.[19]

Eine Abgrenzung zwischen Essay und Predigt zeigt sich jedoch insofern, als es schließlich der Zeitschriftenessay war, der der Kirche ein Medium entgegensetzte, das auch die Funktion erfüllte, Volksmassen zu erreichen, aber nicht auf konventionelle Inhalte festgelegt war, sondern kulturelle Themen von zeitgenössischem Interesse behandelte. Formuliert man es einfach, so vollzog sich eine Verlagerung des Informationszentrums von der Kirche zum Kaffeehaus, dem Bildungsmilieu der Zeit entsprechend.[20]

Eine weitere Textgattung, die Gemeinsamkeiten oder Übergänge zum Essay aufweist, ist der „Character", auch Charakterskizze genannt. Der „Character" ist eine witzige, geistreiche Beschreibung eines Charaktertyps, der bestimmte Eigenschaften personifiziert und für die Abstrakta von Lastern oder auch Tugenden steht. Zum Beispiel könnte ein „Character" den Prototypen eines Feiglings oder Geizhalses behandeln. Dieses Textgenre war in der ersten Hälfte des 17. Jahrhunderts sehr gängig, diente der Belehrung über ethische Normen und war wie die Commonplace Books Gegenstand der Rhetorikschulung. Als selbständige Gattung verlor der „Character" später seine Bedeutung und floß in die Form des Essays mit ein. Auch bei Addison und Steele wird für uns die Übernahme von Komponenten des „Characters" deutlich, denn ihre Zeitschriftenessays enthalten fiktive Gestalten, die als Erzählerfigur dienen und Träger bestimmter Eigenschaften, Meinungen und Aussagen sind. Im Unterschied zum „Character" sind diese Gestalten jedoch keine Personifikationen von abstrakten Eigenschaften, sondern sehr realistisch behandelte Figuren, die Aussagen und Meinungen des Textes erläutern und

---

[18] Horst Weber: „Einleitung". S. 10, 11.
[19] Ebd. S. 11, 12.
[20] Ebd. S. 12.

konkreter werden lassen. Trotz dieses Unterschieds ist der Einfluß des „Characters" auf den Essay offensichtlich.[21]

---

[21] Horst Weber: „Einleitung". S. 14.

Quelle:

Horst Weber: „Einleitung". In: *Der englische Essay. Analysen.* Hrsg. von Horst Weber. Darmstadt: Wissenschaftliche Buchgesellschaft 1975 (= Ars Interpretandi; Bd. 6). S. 1-37.